# Ii

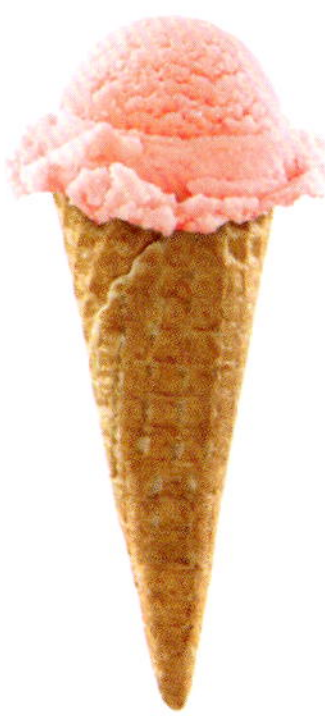

Ransom

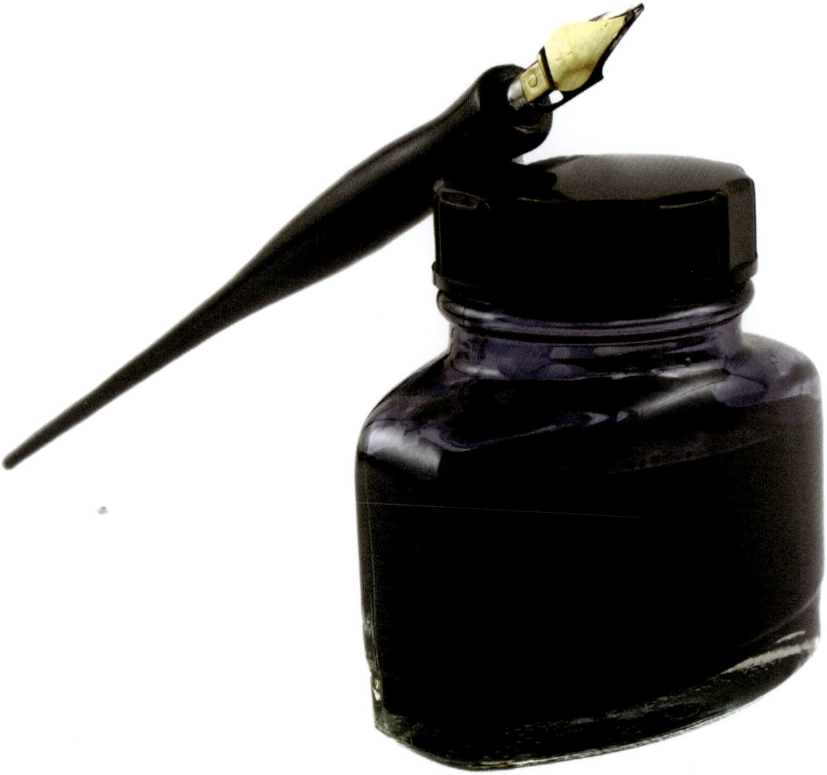

# ink

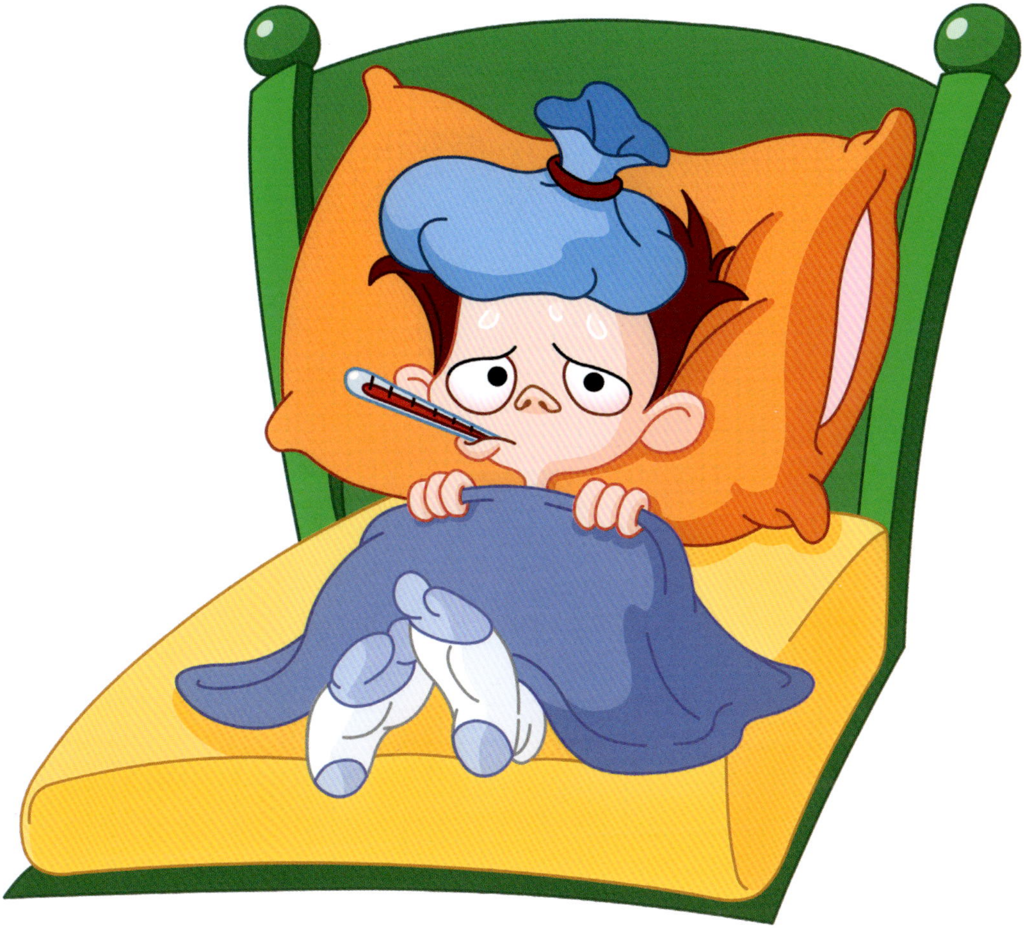

ill

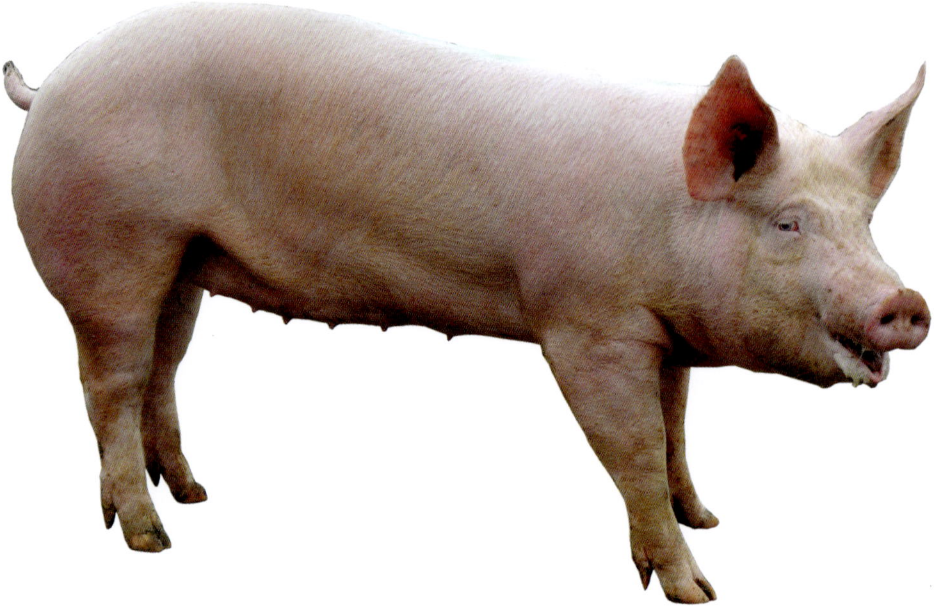

# pig

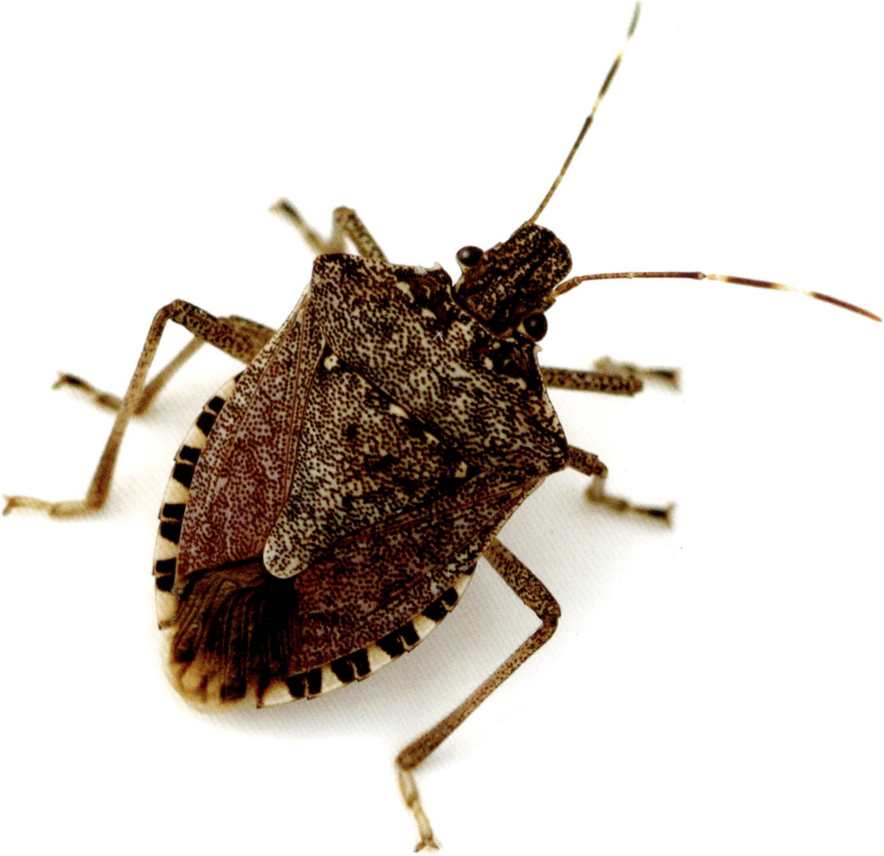

insect

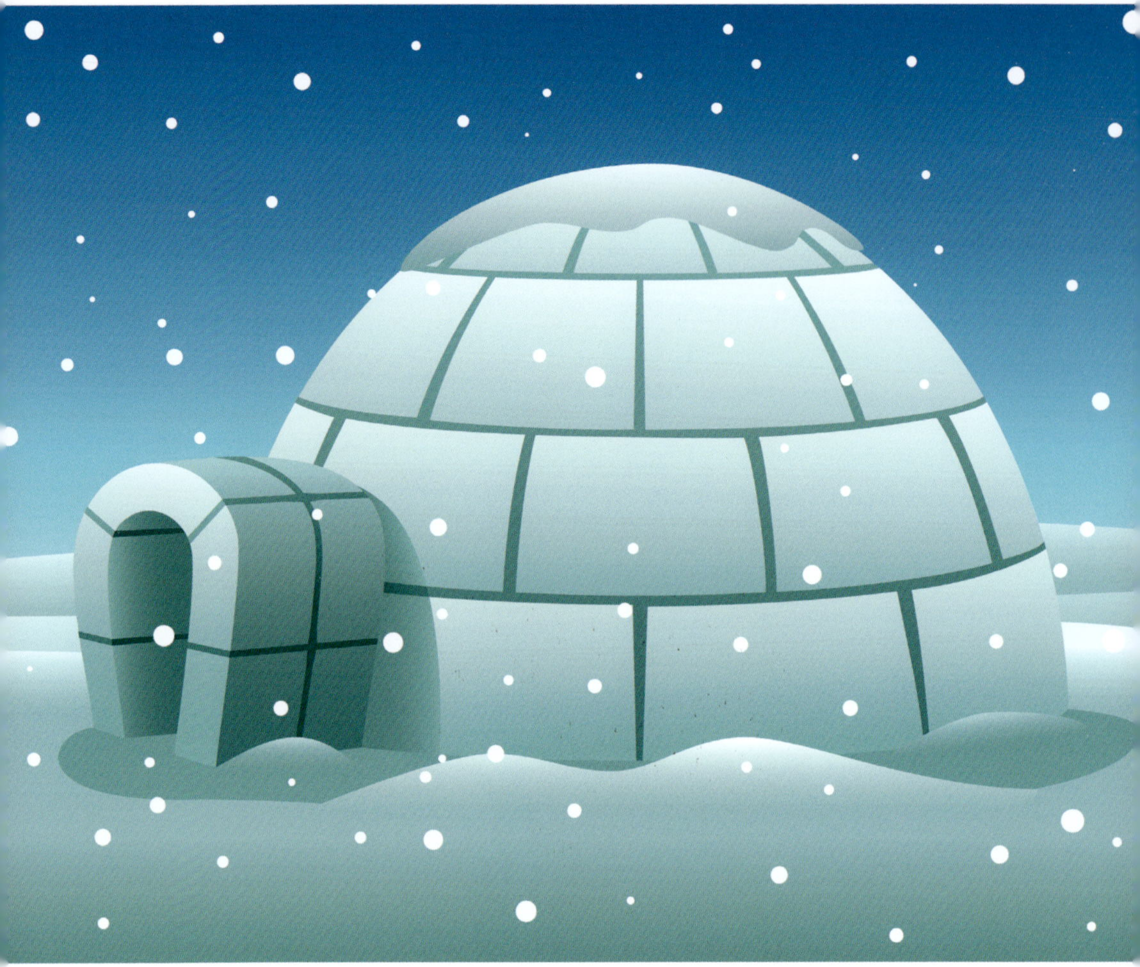

igloo

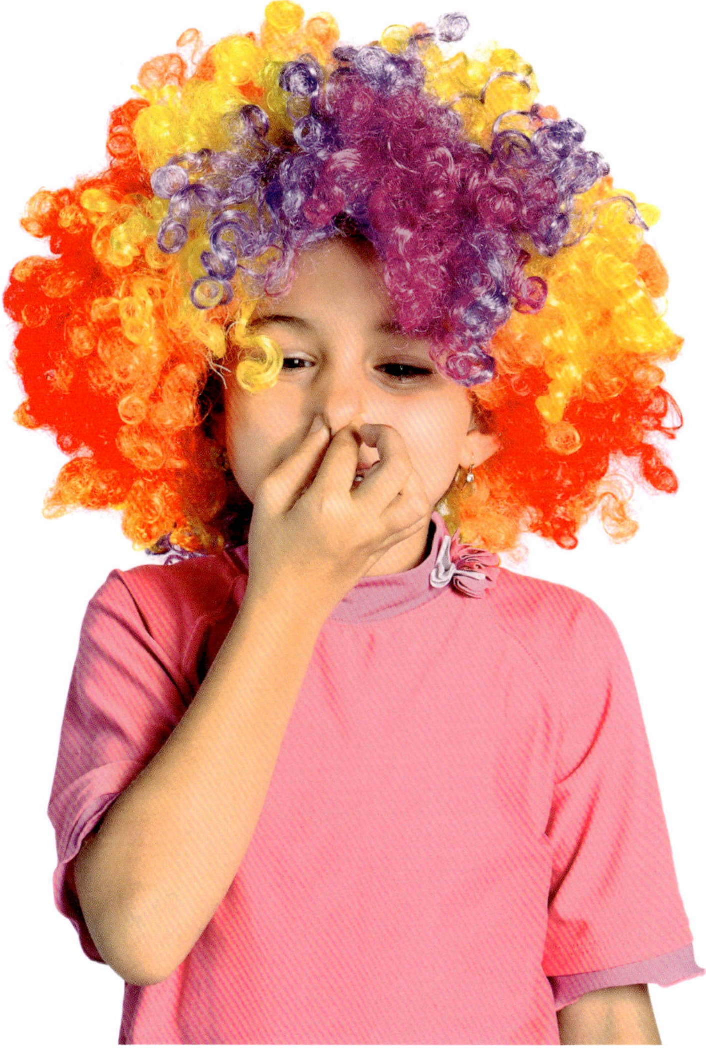

wig

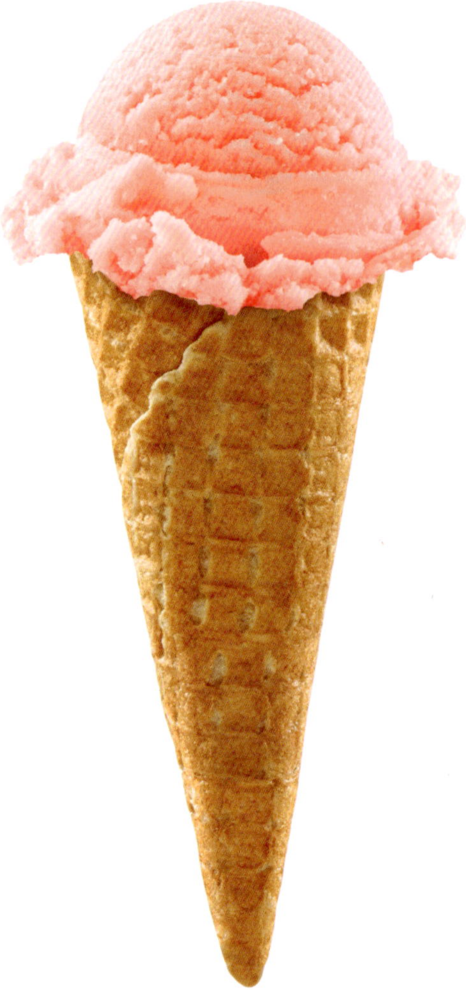

ice cream

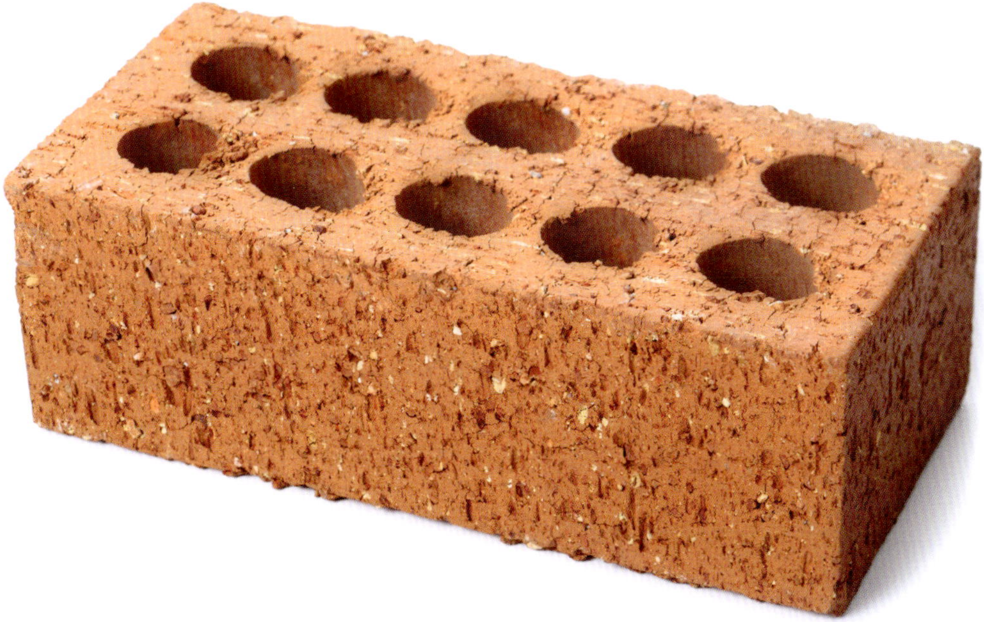

brick

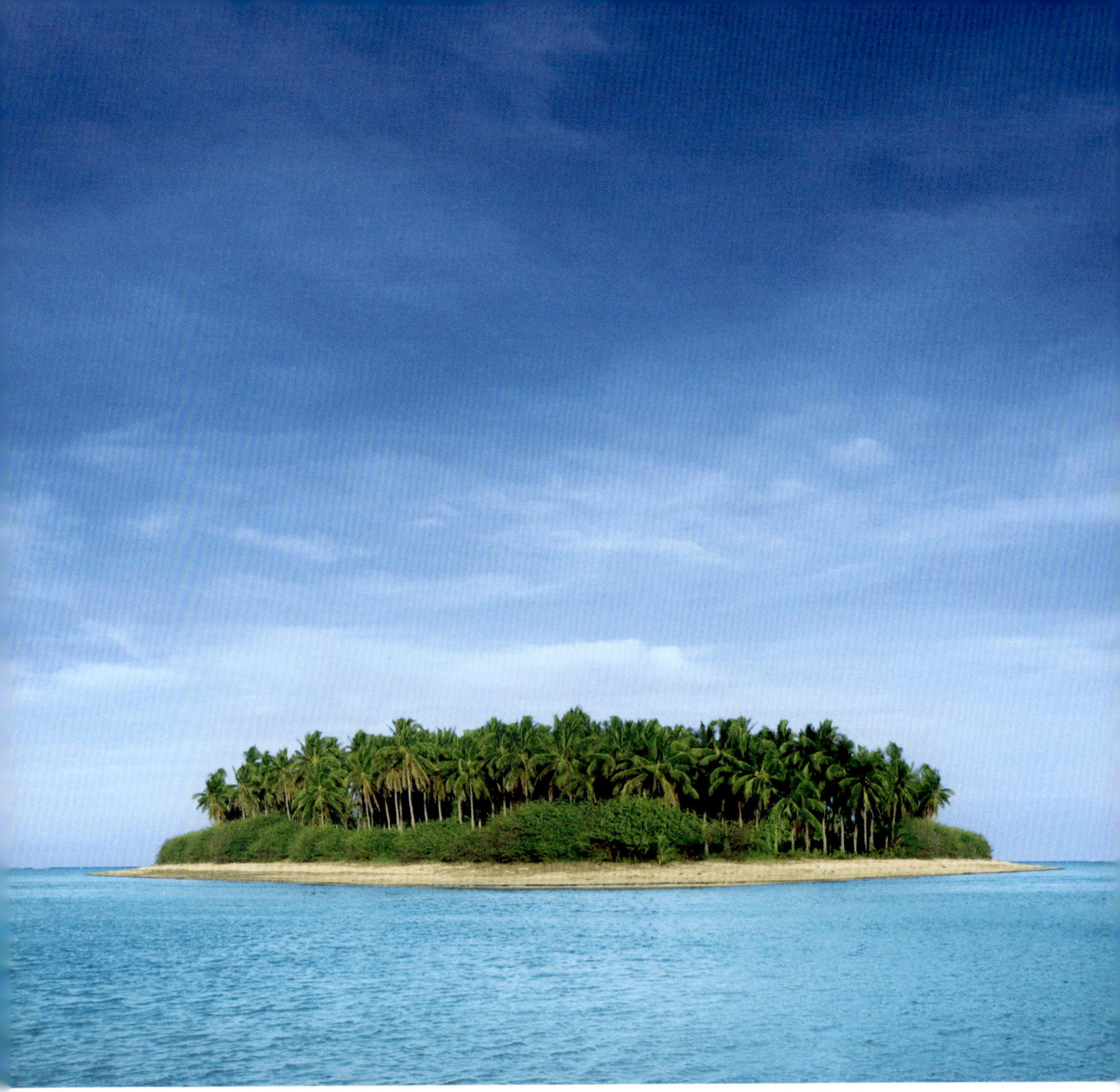

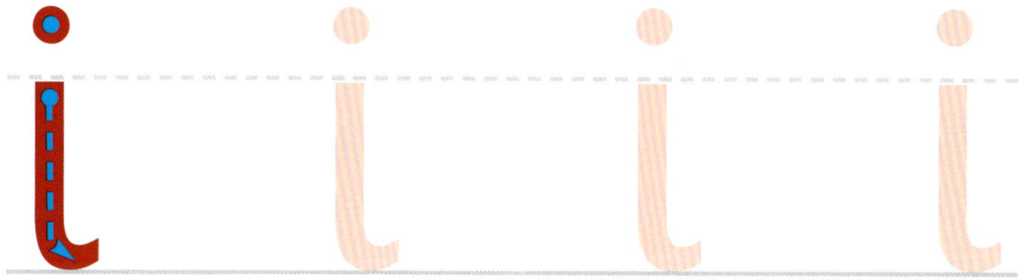

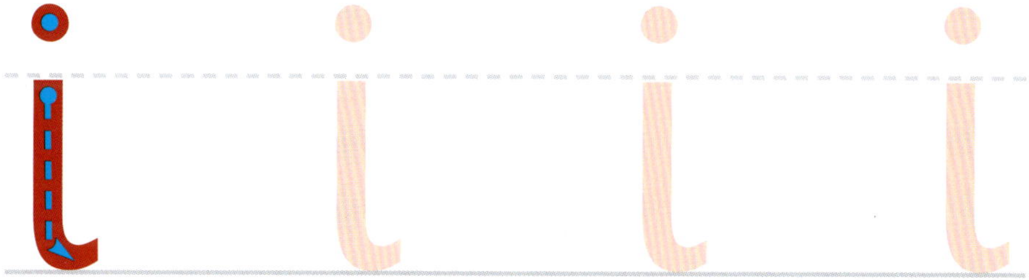

# Ii

ink

ill

pig

insect

igloo

wig

ice cream

brick